샴을 위한 변명

김샴 시집

가히 시선 017 김샴 시집

샴을 위한 변명

가히

시인의 말

변명은 상대방의 포로로 잡혀 있는데

나에 대한 밥 한 끼를 타인에게 빌어먹고

숨죽여 살아왔었던 내 삶에 대한 이유

2025년 10월
김샴

차례

시인의 말

제1부

스위치① · 13

한 그릇 · 14

장마의 노래 · 15

스위치② · 16

늑대인간 · 17

이세계 아이돌 · 18

버튜버를 보다가 · 20

스위치③ · 21

공룡발자국공원 · 22

악질 · 23

이세계 잔혹동화 · 24

스위치④ · 26

UFO를 먹다가 · 27

코스프레 · 28

제2부

바둑 두는 남자 · 31

스위치⑤ · 32

당뇨를 먹은 여자 · 33

게이미피케이션 · 34

스위치⑥ · 35

게임몽 · 36

로그인에서 로그아웃까지 · 38

스위치⑦ · 39

모래시계 · 40

스위치⑧ · 41

송곳니의 밤 · 42

스탬프 투어 · 44

SKY ZOO · 45

키오스크 강의실 · 46

제3부

출근길 · 49
스위치⑨ · 50
사랑니를 뽑다가 · 51
스위치⑩ · 52
당신이 앉아 있는 변기 속을 본 적 있나요 · 53
삶을 위한 변명 · 54
스위치⑪ · 56
바니걸 · 57
두더지게임 · 58
휴식이 필요해 · 59
난難 제 봤어요 멀미인가요? · 60
시각을 저축하는 시간 · 62
스위치⑫ · 63
패배자는 상처가 깊다 · 64

제4부

스위치⑬ · 67

누군가를 만나려면 어떻게 해야 할까요? · 68

재고조사 · 69

스위치⑭ · 70

스트레스 검사 · 71

서점 견문록 · 72

스위치⑮ · 74

푸어 여행가 · 75

보수동 책방골목 · 76

스위치⑯ · 77

큐브 · 78

핑거프린스 · 80

지하 아이돌 · 81

당신이 튜브를 사 온 날 · 82

제5부

프로게이머 · 85

갤럭시 Z 플립 · 86

경계에 서서 · 87

스위치⑰ · 88

스위치⑱ · 89

데이터의 거인 · 90

탑돌이 · 91

쓰레기통에 대한 잡념 · 92

이중나선 · 93

스위치⑲ · 94

스위치⑳ · 95

먼저 간다는 것에 대하여 · 96

재떨이 같은 인생 · 97

윤회팝 · 98

해설 로그인된 자아와 로그아웃된 현실 · 99
　　　이송희(시인)

제1부

스위치①

칼날을 들이밀어 손톱을 깎는다
숨겨진 손톱 밑이 나체가 되는 순간
주먹이 되지 못한 소시지의 말랑함

배고픈 저녁에는 안개만 자욱하고
갈 길 잃은 젓가락은 허공에만 휘적휘적
한없이 멀어져 버린 식사 메뉴 찾는다

고장 난 전자레인지 버튼만을 교체하니
띵 소리 경쾌하게 찬밥을 데우는데
비 오는 저녁노을만 그 속에 남아 있다

한 그릇

상실한 추억들이 쌀알 사이 속삭일 때
취사 끝난 밥솥 하나 빈자리를 채운다
출입을 막아버렸던 쓸쓸한 오류 하나

타이머가 걷다 지쳐 고개를 숙였을까
항상 잡던 주걱을 잃어버린 그날 이후
돌렸던 잠금장치의 안부만 물었을 뿐

당신을 담아왔던 이 그릇은 몇 도일까
내 손 스친 한기 속에 흘러버린 밥풀 보니
그곳엔 담을 수 없는 한 그릇만 남았다

장마의 노래

청이 없는 세계에서 음이 없는 소녀야
계단 없는 너의 목에 바람이 불어올 때
성대를 오르내리는 빗소리가 새겨질 거야

우산 없는 리듬 속에 휠체어 탄 그대의
젖어 가는 두 다리가 떨림을 알아갈 때
세이렌 허밍 소리가 용기를 불러올 거야

관객의 응원으로 밑그림을 그려 내고
색깔을 잃어버린 물웅덩이 끝에 서서
힘겹게 무지개 물감 토해내는 밤이다

스위치②

살인범이 이사 간 집 찾아올 걸 알았다
쌍둥이 남동생이 집들이 와 자고 있는데
방문을 여는 순간에 죽어가는 눈동자

오늘은 피의 축제가 열리는 밤이다
방심은 일본도가 되어 내 몸을 향하는데
숨겨둔 식칼 들어서 반격하는 그림자

방심한 살인범의 다리를 찌르는데
선명한 나이테가 뼈 대신 보인다
초승달 피는 순간에 잠 한숨 자지 못한다

늑대인간

가난함이 밀려드는 옥탑방에 앉아
쏟아진 장마를 막을 새도 없는 사이
엇나간 키보드 소리 빗방울이 되는데

오기로 먹으려던 라면 하나 버린 채로
파전 하나 배달하는 어리석은 방구석 갑부
습관이 중독과 고소, 그 사이에 자리 잡고

두 손을 벌벌 떨며 따로 노는 검은 혀는
당신을 묶어두는 막걸리만 들이켜는데
오늘도 한 마리 늑대가 물어뜯는 밤이다

이세계 아이돌

사람 많은 도심지대
싫어질 때 있는 법이야

푹신한 함박눈이 겨울을 알리는 날

컴퓨터 화면 속에서
나 홀로 크리스마스

티켓조차 필요 없는
무제한의 콘서트

메타버스 가로지른 새로운 행복 속에

불안은 차원을 넘어
날아가는 부속물

전기 망토 뒤집어쓴
복화인형 노래하고

눈밭에 쏙쏙 쌓인 달콤한 말 대신해서

기계음 응원 소리가
깊어지는 겨울밤

버튜버를 보다가

적어도 나는 고차원 인간인 줄 알았지
쉽게 버릴 수 없는 당신의 얼굴에는
입체로 느낄 수 없는 한 줄기의 빛

라멘으로 푹 절인 여신님의 모습을
김치로 가득한 내 욕조에 담가서
모습을 바꿔버려도 근사한 좀비일 뿐

태초의 섬으로 비행기를 타던 날
시큼한 레몬을 입속에 처박았지
실 한 올 되고 싶어서 자해하던 내 몸을

문드러진 몸뚱이, 하얀 드레스 입고 있었던
당신에게 언제나 이 마음을 전할 뿐
오늘도 당신에게는 응원봉이 함께해

스위치③

섭취는 생존이 만들어낸 필수조건
미식은 섭취를 탄생시킨 유동조건
예외를 만들 수 없는 공식이 있다

끔찍한 수갑을 차고 있는 피해자
이색적인 밧줄을 온몸에 감아서
가지에 초록 이파리 나오길 기도한다

심장을 관통하는 햇빛이 스며든다
제약을 즐기며 살아가는 관목림
기도를 들어줄 때까지, 오늘도 광합성

공룡발자국공원

공룡의 나이테가 우주로 보이던 날
소행성을 쪼았던 부리 자국 사이로
과거의 등기우편이
나에게 전송된다

동심원에 공전하는 꽃밭의 흙터에서
교편이 뿌리 뽑힌 새 둥지가 보이는데
메마른 상처 속으로
추락한 뱁새 새끼

먹이사슬 최하위는 멸종 위기 끝이 없고
깨부숴진 분필들이 흩뿌려진 산책로에
가해자 공룡 발자국
잔디밭에 찍힌다

악질

앙상한 날개에 분칠을 한 채로
채팅의 폭격들이 활활 끓는 냄비다

내 몸은 고대의 마녀
정형은 살해당했다

활주로를 벗어난 폭격기만 남긴 채로
좀비들의 이빨에 물어뜯긴 몸뚱이
유리창 세계에서는 핵폭발이 난무한다

그녀는 불시착한 비행사라 했을 뿐인데
근원지 잃어버린 대공습의 인정人情은
새로운 마녀의 정형으로 표적을 바꾼다

이세계 잔혹동화

이름 모를 작가가 제멋대로 시작한다

첫째를 먹어버린 포식자의 이야기

가십들 이야기하는 잔상이 보인다

둘째 돼지 음식점에 늑대가 들어오고

빠져버린 이빨로 힘없이 주문한다

사장님 베이컨 토핑으로 피자 한 판 주세요

셋째 돼지 스쿠버의 용감한 다이빙

가상으로 대변하는 고글을 착용한 채

잔혹한 피의 사냥을 시작하는 늦은 오후

거친 파도 흐름 바뀐 이면의 수영장에

철벽의 다이버는 맥주 한 잔 들이켜고

늑대를 먹어치우는 돼지만이 보인다

스위치④

접속한 판타지의 숲 양면에 선 채로
능력 없는 용사의 파티가 시작되었다
나이만 먹은 마법사의 능력은 볼품없다

시조만 쓰던 방구석 폐인의 지팡이는
벌레만 가득한 노목이 되었을 뿐
밑바닥 인생에서는 뿌리를 알 수 있다

감정의 지진계는 여진이 없는데
성장통의 여파에는 버티지 못하는가
흑마술 매지션에는 또 다른 길만 존재할 뿐

UFO를 먹다가

산골 얼음 어는 골 빨간 사과 한 알
별, 별들이 익어가는 깊고 추운 밤
홍옥은 제 몸 끓이며 태양계를 건넌다

나에게 이 우주는 무한의 사과밭
고통 없이 타는 살별 붙박이별 어디 있는가
은하계 유에프오가 불시착한 자정에

시인이 시를 쓰다 불현듯 헛 허기에
낙과 하나 주워 들고 베어 문 자리에
우주로 떠나야 하는 사과 벌레 보인다

코스프레

사람들은 제각각 로켓을 타고 가요
주문을 잃어버린 마법사의 지팡이와
의상을 연금술 하는 새로운 낙원에서

발사되기 직전에 낯선 온도 느끼는데
애정을 발산한 채 주문서를 찢는다
마지막 매혹의 주문을 영창하는 그 소녀

행사는 끝이 나고 가방만 보이는데
가뭇하게 변해버린 행사의 밤에서
하늘에 싸라기별이 수없이 보인다

제2부

바둑 두는 남자

쉰다섯의 전장까지 판판이 패자였다
실패한 한 중년의 마지막 한 판 승부
밀리면 더 갈 곳 없는 종점에 서 있었다

이겨도 얻어내는 전리품은 없었지만
함몰된 눈알 가득 불꽃들 살아 튄다
세상에 남길 유혼이 살아있는 눈빛이듯

마지막 외통수가 비수로 남았을 때
찌르지 못한다면 찔려야 했었기에
파르르 손이 떨리던 일대기가 끝났다

여름옷 입은 채로 한겨울에 발굴됐다
바둑 두는 남자의 노숙터 부장품은
살아서 빛나던 한때 아버지란 칼 한 자루

스위치⑤

염색을 하고 싶어 미용실에 방문했다
라푼젤 머리하고 맹랑하게 말했다
'빨간색 핏빛 색깔로 염색할 수 있을까요'

흰 머리의 미용사가 조용히 말했다
'어느 부분을 태워서 횃불을 만들까요'
차가운 겨울 속에서 남자는 견딜 수 없었다

'삼십센치 태워주세요 흰색을 참을 수 없어요'
젊은 남자 눈동자가 함박눈 삼킬 때
노파의 머리카락도 같이 울고 있었다

당뇨를 먹은 여자

재봉틀에 앉아 있는 그녀를 보고 있다
제 손을 찌를수록 사랑이 배어나고
아들이 필요했었던 숭고한 박음질

새하얀 석고상에 초록 꼭지 붙인 채
구급차 경광등만 내달리다 떨어지고
내 몸이 망치가 되어 단면을 갉아 먹는다

보빈의 실타래가 알몸을 드러낼 때
끝내지 못한다면 멈출 수가 없었기에
파르르 몸이 떨리던 일생기가 끝났다

고장 난 재봉틀의 발판이 울고 있다
식탐이 흘러내린 툇마루의 끝에서
노랗게 물들어버린 바나나 움츠려 있다

게이미피케이션

모든 청년이 왕자를 차지하기 위해
마우스를 타닥타닥 쉼 없이 움직여요
알알이 제 몸 끼운 채 달리고 있네요

오늘도 집을 나와 전장으로 접속해요
리셋 되는 스테이지 여기가 편해요
지쳐도 걸을 수 있는 불멸의 아지트

외로움도 게임으로 승화되는 시대에요
오늘도 쉴 틈 없이 전장에서 싸워요
비프음 울릴 때까지, 쉬지 않는 손가락

스위치⑥

어릴 적 오락기에는 씨앗이 많았다
동전과 맞바꾸는 수많은 씨앗들을
한 줌씩 농사지어서 육체를 만들었다

이웃집 고양이가 텃밭을 망친 순간
숨죽여 떠오르던 보름달이 추락했다
내 뺨에 들어간 것은 고양이 밥 한 그릇

게임몽

억만장자만 우주로 떠나는 시대예요

소년은 침대에서 우주로 출격해요

긴 문장 쏘아 올라가는 스페이스X 시작!

천천히 폐안 속, 다가오는 별이에요

흔들리는 별 조각, 뛰어노는 소행성

끝없이 내려오는 건 이가 나간 테트리스

우주는 고장 나도 수리가 필요 없어요

제로가 된 스코어에 게임은 종료되고

맞추면 클리어되는 세상은 엇나갑니다

로켓이 자전으로 불꼬리를 내뿜어요

패배로 사라지는 불쌍한 저 먼 우주에

공백을 만들어봐요, 톡톡톡톡 조용히

로그인에서 로그아웃까지

기계와 사람 사이 내 지문을 로그인해
어제의 꽃이 피고 또다시 빛이 오지
태양이 찾지 않는 방 컴퓨터가 일력일 뿐

나는 온라인에서 버그 같은 삶을 살아
이 방을 나가본 지 오래인 폐쇄 족속
의식주 그 모든 생존이 의자에서 기생하지

내가 사는 20인치 0의 귀와 1의 혀는
들을 수는 있지만 말할 수는 없는 새
벌레와 교접하는 사이 경고 경고 로그아웃

스위치⑦

기내에서 만년설을 만진 채로 있었다
천년을 버린 채로 새 삶을 살아간다
스위스 융프라우에서 잃어버린 노래

목동이 뛰어놀던 테트리스 위에서
어떤 건반을 누르며 이토록 살아왔을까
감정을 산맥들 사이 꼭꼭 숨겨 잠이 든다

모래시계

당신에게 폭발하는 내 마음 속 마그마
목구멍을 넘지 못해 찢고 나온 붉은 피가
오래된 도시 안으로 밀려드는 형국이다

말없이 포옹하는 정반대의 너와 나
이별하기 직전에는 알지 못한 화산재가
머리칼 어디에서나 쌓여가는 시간 속에

스위치⑧

오늘도 던전에 들어가는 일상이다
무기는 뒤로 차고 맨손을 앞에 두고
몬스터 뒷목을 잡는 기묘한 세상에서

괴짜의 칼날에는 살의가 없는 와중에
휴대폰 찰칵 소리만 공허한 동굴 속
공생의 새로운 세계가 눈앞에 펼쳐진다

송곳니의 밤

검은 청년이 손짓했다 가라는 듯

세상이 미웠다
광견병에 걸린 듯이

옥탑방 창문 밑에는 아무것도 없었다

신기만큼 멋진 것은 더 이상 없었지만

어린 불독 광기만큼
갖고 싶긴 했었다

불순한 광견병만큼 내가 가진 일탈뿐

오래전 훔쳐 버린 사물함 속 쓰레기와 바꿔버린 나에 대한 속죄는 평등하다

송곳니 드러낸 채로 견고해진 환시들

내 몸이 만들어낸 신기한 백마술은 최고급 사료만큼 달콤한 식사였다

혓바닥 넘기지 못한 약 한 알 보일 뿐

스탬프 투어
― 수원화성

피의 불길이 밀려오던 국면이다

명작을 향해서 쏟아졌던 포탄이다

성벽이 필요했었던 시대가 사라졌다

제 몸 쌓아 올라가는 아들의 몸부림과

아들 향해 달려가는 아비의 대접근

철 지난 모래성 놀이에 떨어지는 장대비

SKY ZOO

오늘도 새 떼들이 머물다 간 그곳이야
여행객이 가득한 거대한 활주로에
비행기 엔진 소리만 들리기를 원하는데

성층에서 울부짖는 사자의 울음소리
난기류에 휩쓸린 비행기 한 편에는
누군가 읽고 있었던 시집 하나 보인다

키오스크 강의실

종업원 저당 잡아 새 분필을 들었다

어제부터 준비했던
강의자료 사라지고

정적인 강의실에서
울고 있는 손바닥

질문을 할 수 없는 칠판에 서 있는데

학생들의 랜턴 불빛
내 마음 비춰봐도

손가락 접을 수 없어
허공에
두 손 든다

제3부

출근길

눈 감은 공주의 두 입술이 떨렸다
기척이 문장 되어 나를 읽는 순간에야
수많은 가시넝쿨이 내 몸을 옭아맨다

피가 나야 아픈 것을 표현할 수 있었기에
질식 직전 내리고야 잠에서 깨어난다
잠자는 숲속의 공주 동화는 진짜였나

스위치⑨

봉은사 미륵불에 불경을 범했다
산기슭 보름달 따다 입 안에 우겨 놓고
주지승 염주알 사이 하나하나 넣는데

희한한 악동의 도를 넘는 장난에도
목탁 소리 멈추지 않고 탑 도는 스님
염주알 터지는 소리 사방팔방 들리는데

마음속 장난은 불바다일 뿐인데
붓다의 웃음은 하하호호 들릴 뿐
극락은 어느 순간에 내 마음을 떠났나

사랑니를 뽑다가

말라버린 사랑을 우심장에 숨겨두고
TV 속의 그녀를 사랑한 지 삼 년째에
설렘은 건조기 속에 돌린 채로 썩어 왔죠

도트 찍힌 기억들은 위태롭게 흔들리고
리모컨을 잃어버린 눈동자는 멈추지 않아
사랑니 뽑은 자리에 찍어 놓는 빗방울

스위치⑩

어쩌다 한번 만나게 된 이산가족을 보라
아등바등 지내기 힘든 저 슬픈 데칼코마니
모순만 가득 담은 채 오늘도 흐르는 시간

당신이 앉아 있는 변기 속을 본 적 있나요

닫혀 있는 뚜껑 틈새 두려움이 올라온다
열어볼 용기도, 떠날 마음도 없었기에
떠나간 당신 마음만 천장 위에 그려본다

흔적 없는 변기 속에 안도감이 몰려오고
갑작스레 떠난 당신 진실조차 모르는데
어렴풋 변기 속에는 그림자만 남아 있고

감정도 버튼으로 내려가는 시대일까
잊어버린 반려자의 눈동자를 대신해서
오늘도 변기 속으로 자꾸 가는 내 시선

샴을 위한 변명

모든 처녀들은 어머니가 되기 위해
자신의 뱃속에서 방아쇠를 당긴다
한 발에 한 명의 천사가 아이로 태어난다

내 운명은 사선에서 불발탄이 터진 것
두 명의 형제가 한 몸으로 불붙었다
다행히 그 폭발음을 신이 먼저 들었다

이십만에 하나라는 비극적 표적에서
내 머리에 동생 발이 축복처럼 붙었다
하나를 부욱 찢어서 쌍둥을 만들었다

어머니 천사들은 샴쌍둥이로 명명됐다
탄환과 탄피는 제자리로 돌아갔지만
탄흔의 내 깊은 상처에 초연이 자욱하다

먹어도 허기지는 슬픈 불량품은
은하수 다 퍼 와서 밥해 먹고 싶지만

그 별에 내 피 찍어서
명줄 같은 시를 쓴다

스위치⑪

욕조 밑에 파묻은 철학자를 보았니
제 정체 숨겨버린 범인의 발자국은
수증기 뒤편에 남아 바라만 보고 있는데

책장 속을 공략하는 시인의 방향키는
사자머리 뱀 꼬리 허겁지겁 먹어버리고
출입구 어디에서나 계단을 넘나들 뿐

바니걸

    하루하루 환상에 푹 담근 발걸음마다 바짓단 아래로 흘러넘치는 근심은

    빗속에 날려 보내고 잠 못 드는 밤이다

두더지게임

제 머리를 때려 주세요, 후회만 남은 생에
길 잃은 불효자가 다음이 없다는 것을
하늘이 무섭다는 건 닥쳐봐야 아는 법

고장 난 머리에는 망치가 제격일 뿐
할머니가 던져버린 이 게임의 끝에서
태풍이 소멸되기만 기다린 한 아이는

파라솔 사라진 남해 해변 끝에 서서
정전을 바라는 한 등대의 모습에는
두더지 살인사건의 모티브만 보일 뿐

휴식이 필요해

봄날 벚꽃에는 환한 미소 가득하다
사람과 차량들이 북적이는 축제
웃음을 만들어내는 솜사탕 기계가 있다

달콤한 냄새에 끌려서 찾아와요
일하는 치어리더 앉을 수가 없어요
솜사탕 흔들어줘야 웃음이 피거든요

그냥 봐도 다시 한번 보아도 똑같은데
쉼 없이 아르바이트, 휴식이 필요해
축제는 끝나는 순간 깊은 잠에 빠져든다

난難 제 봤어요 멀미인가요?

첫 번째, 깨끗한 거울에 들어간다
두 번째, 반듯한 얼굴이 들어간다

측정이 사라져 버린 각도기다, 이제부터

세 번째, 초점 잃은 눈동자가 들어간다
네 번째, 바짝 마른 입술이 들어간다

마지막 가지 못하는 사람이 울고 있다

수평의 각도가 미세하게 틀어진다
꼿꼿한 허리가 직각으로 꺾인 채

경계가 측정되지 않는 이곳부터 시작점

수치는 방랑자가 쉬어가는 휴식이다
앞뒤를 분간 못 한 여로의 중간에서

제 갈 길 정하지 못한 설계의 끝 어디인가

근소한 오차는 균열이 생긴 틈일 뿐
난해한 해석은 다음으로 넘길까

숫자를 할퀴어버린 자국만 남아 있다

시각을 저축하는 시간

화가가 까먹은 흰 눈동자가 보인다
그림은 어떤 저금통이 되어 있을까
관람객 저축하는 시간에 울고 있는 맹인

스위치⑫

한 알의 약을 먹는데 걸린 시간 삼 초
노련한 입술은 혓바닥을 포섭하고
십 초 내 목구멍 속으로 다이빙하는 선수들

꽉 막힌 배수구와 혼잡한 교통체증
고요할 때 울리는 꼬르륵 소리 뒤에
백미러 너머로부터 당신이 보이네요

패배자는 상처가 깊다

간증이 생긴 날 밥 대신 약을 먹었다
숨결마다 검은 똥이 한숨 대신 분출하고
인생을 리셋할 수 없는 플레이어가 울고 있다

목적을 잃어버린 예수가 되어버린
위대한 순교자의 마지막 상처에는
깊이가 보이지 않는 싱크홀만 보인다

제4부

스위치⑬

한때 나의 시계는 열두 시에 멈췄다
하늘을 바라보던 솟대처럼 서 있었다
순간이 영화필름에 박혀가는 그 무렵

내 시계는 세 시로 끝없이 달려가는데
수확을 바라보는 저 농부의 기도처럼
내 몸은 스위치가 되어 쌀 한 톨이 되었다

내가 만든 시침과 분침을 부순 채로
남은 것은 구슬프게 울고 있는 뻐꾹새
오롯이 초침 하나만 버튼을 누른다

누군가를 만나려면 어떻게 해야 할까요?

내가 걷는 길은 천국이라 말해봐요
진부한 판타지의 끝 장의 사막에서
길잃은 모임의 리더가 죽어가고 있어요

순수한 병이라면 상담이 최고예요
양 날개 잃어버린 천사의 목소리가
귓가에 맴돌기 시작한 그때가 시작이죠

혼잣말은 내 것이 아니니 입은 떨지 말아요
배고픔을 잃어버린 낙원의 끝에 서서
마왕도 외로움으로 잡아먹는 시대예요

재고조사

생채기가 났어요, 응급실의 문턱에 선 채
수식이 사라진 마이너스의 손끝에서
술래는 잡을 수 없는 숨바꼭질을 시작하고

비인식의 철학 속에서 숫자를 하나둘 세고
염탐의 폭풍 속에서 일기예보는 오늘도 비일 뿐
우연히 찾아냈었던 도둑이 우산이다

숫자의 문턱에 꽉 막힌 교통체증에
태풍이 지나가고 어지럼증이 시작된다
마감이 촉박했을 때 자취는 없어진다

스위치⑭

안녕하세요, 조와 을의 세계에 오셨군요
헤드셋 팔뚝에 낀 귀머거리 아저씨
상황을 이해 못 하는 당신의 한마디에

거꾸로 사는 세상 그게 바로 여기에요
목발로 요리하는 한식뷔페 사장님
배고픈 집주인에게 밥 한 끼 주세요

스트레스 검사

오늘도 아파트에서 감정이 살아나면
호수마다 숫자가 살아나야 하는데
우리 집 물결 속에는 변동이 없었다

작게 따라온 지네를 따라서 찾아보는 구멍
말없이 선명해진 벌레의 몸부림에
조그만 벽 구멍에서 폭풍이 시작된다

거대한 남풍으로 방파제가 들썩이고
종이는 오늘도 찢어짐을 반복한다
태풍이 품을 수 없는 마지막 해안에 선 채로

서점 견문록

책이 사는 원룸으로 입주한 지 십 년

날지 못한 앵무새를
우산 속에 가두고

한동안 날아다니는 방법을 찾아야 했다

허약한 구조물은 소나기만 버티는데

손가락에 잘려나간
깃털들을 곱게 붙여

내 머리 날개의 개화 시작으로 삼는다

주석조차 달지 못한 여행 책자 한편에

잃어버린 구조 신호
하나씩 적어본다

길 잃은 마지막 여행 종착지는 비상일 뿐

상처 입은 책갈피가 웅크린 그 순간에

흥미를 담보 삼아
양 날개 펼친 채로

허름한 한 평 서가를 당신에게 보낸다

스위치⑮

희로애락 아무것도 필요 없단 환청에
오늘의 저녁 식사 바닥에 내팽개쳐
숨겨진 달의 아지트 찾아 떠난 새벽에

사람이 토끼로 보인 그날을 잊지 못해
당근을 손에 들고 글을 쓰다 웃어본다
엎어진 맥주잔 거품에 수많은 스위치뿐

푸어 여행가

한적한 찜질방으로 여행을 떠난다
온탕에 들어앉아 떠나는 하코네
여행은 시작되었다 화려한 스테이지

외국어는 기본에 창밖에는 흰 눈이
거대한 곤돌라에 알프스로 떠난다
설국을 가로지르는 여행가의 휴대폰

우울 따위 뒤로하고 잠수하는 거지는
흰 벚꽃 가득 지고 열화를 내뿜는다
한 마리 드래곤처럼 영화 속에 빠져든다

보수동 책방골목

탄환이 할퀴고 간 담벼락 너머에서
철 지난 낙엽들이 너스레를 떨고 있다
고단한 피난살이가 들머리에 쏟아진다

방기는 사치가 되어버린 골목 짝에서
끄내끼 매여진 붕대들이 춤을 춘다
부자의 부산해지는 눈동자는 뭘 보노

아버지 손 꽉 잡고 보물을 찾아보자
밑줄 치는 수첩만이 유일한 살길이다
억수로 고생하면서 붕대법을 터득한다

걸그치는 인파 사이 날 보던 저 책장
부상당한 나에게 사람맹키로 감싸준다
향수로 존재했었던 치열한 병원이다

스위치⑯

시마가 내리던 어둔 밤에 보았던
비행기를 잡아서 내 몸속에 넣었어요
혜성은 멈출 수 없어 안절부절 못하는데

당신을 파고드는 이 별은 얼마일까
우리들의 지갑은 매일매일 딸깍딸깍
오늘은 2번 활주로에서 이륙하는 날이다

큐브

비가 그쳤습니다,

신랑이 입장할 때

똑똑똑
물방울이
손뼉 치는 와중에

신부는
꽃병이 되어
하나씩 담을 겁니다

하객들의 박수에
흩어지는 무지개가

천천히 흩어지며 날아가던 그때

행복이

손가락마다

이쁘게 피겠지요

핑거프린스

먹을 것 없는 식탁에 앉아서 멍하니
모른다는 한 마디에 머그컵만 눈물 가득
반대편 누더기 왕자만 식탁 위에 서 있는데

지하 아이돌

당신은 찹쌀떡 같은 사람을 보았나요
이름도 외울 만큼 광신도 사이에
얼마큼 유혹의 노래 부르는지 몰라요

말랑한 쿠션을 사이비로 감싸고
펜라이트 찾아 동선 짜는 아이돌
오늘도 나만의 천국에 빠져드는 관객들

당신이 튜브를 사 온 날

세대차이 하나 없는 패키지로 여행 가요

냉정한 가이드는 녹음본만 틀어 놓고

바가지 장사꾼처럼 건성으로 맞이하죠

벙어리 관광객은 공부가 필요하죠

여행자 가방에는 책 한 권 없거든요

호객꾼 함성 소리가 현혹하는 서점에서

빈칸만 잔뜩 있는 서가에서 검색해요

우물쭈물 말꼬리가 하루를 지나가는데

여행은 깊어져 가요 돌아갈 날 기다리며

제5부

프로게이머

  시월이 시작되면 그를 먼저 부른다

  매치를 요구해도 묵묵부답 프로게이머 우리는 전사의 이름을 시인이라 부른다 오랜만의 전장에선 메타포로 공격한다 게임마다 완패하는 승률은 영 퍼센트 오늘은 선봉장으로 시 한 편이 서 있다 싸움에서 이기기 위해 진법을 펼치지만 그는 박제된 듯 서정시를 읽어준다 캐릭터 게임머니는 텅텅 비어 갔지만 사이버 공간에서 시가 살아 뛰어온다 그의 시가 찾아오면 게임은 잠시 중단 스스로 무장 해제한 프로게이머가 걸어온다 만추의 해킹으로 전사가 쓰러진다 빛나는 시편들이 모니터에 떠다닌다 철옹성 프로그램이 백업 없이 삭제된다 갑옷을 벗어들고 일어서는 프로게이머 또 다른 전장인 십이월로 걸어간다

  가방에 시조 몇 수와 떠나온 길 되짚는다

갤럭시 Z 플립

하나 아닌 둘과 같이 체조하는 날에는
힌지를 부둥켜안고 키스하는 커플은
단 하루 약속되었던 오작교 설화 시작

숨겼던 속마음은 저녁노을 남겨둔 채
경쟁 없는 빛줄기로 서로를 포옹하고
멈추는 은하수처럼 내 마음도 발하는데

혼례는 찰나의 순간, 망각만이 가득하고
웃음 보낸 견우와 말을 참는 직녀의 입
밤하늘 흐트러지는 저 비행기를 보아라

경계에 서서

온오프 스위치로 시작되는 일상에서
만남을 발광發光하는 굶주림이 시작된다
외로이 두근거리는 감정의 경계에서

상온과 하온을 넘나드는 번지점프
온도계의 수심에서 조용한 상승으로
한 마리 돌고래처럼 헤엄치는 수영 선수

스위치⑰

먼 곳에서 돌아오는 여행자가 있는 곳에
입던 옷을 빼앗은 저 번개를 보아라
온오프 스위치에서 시작되는 일기장

전류의 만남에는 찌릿한 아우성뿐
집 나간 기장의 먼지 가득한 서류 가방
당신이 흘리고 떠난 볼펜 하나 들어 있다

스위치⑱

하루 만에 삼십 편의 시를 쓰는 시인이
이틀 만에 오십 편의 시를 찢는 장사꾼을
새벽녘 아수라의 몸짓으로 찾아가는 와중에

시시각각 변해가는 커플들의 대화 속에
커피숍의 얼음들은 비명만을 지르는데
무료한 당신에게는 헤드셋 음악 소리뿐

데이터의 거인

바다에서 대왕고래 한 마리가 유영한다
크릴을 먹어치워 거대해진 몸뚱이
분기공 보일 때마다 트림 소리 울려 퍼진다

오늘은 관찰하는 과학자가 되어 볼래요
입 벌리는 모비딕, 뱃멀미는 심해지고
우리는 탐욕스러운 대식가가 맞나 보다

젖어버린 보고서가 그대를 대신한다
악마가 유영하는 바다 속에서 밀려오는
파도에 꼬르륵 소리만 철썩철썩 들린다

탑돌이

선잠이 들던 날에 악동을 만났지
터져버린 염주가 내 얼굴에 부딪히고
생인손 잘라내고서 돌 수 있는 부처님

쓰레기통에 대한 잡념

동상이 얼어붙은 투명한 강에 서서
비웠던 마음은 바라밀다 바치고
쓴소리 가득 채우는 미끄러진 염주처럼

녹용이 빠져버린 사슴에 기대어
탑돌이만 가득하던 봉은사에 앉아
잊은 줄 착각하고 만 당신을 바라본다

미륵대불 모자에 앉은 채로 닦달하는
파계승 외침에도 꿋꿋하게 열리는데
외롭게 버려진 채로 슬피 우는 종량제 봉투

이중나선

상생을 하고 싶은 별을 따서 먹자
불편한 만삭을 따다 먹은 태생은
한 줌의 머리털처럼 탈모만 오고 마는데

중생의 커피 한 잔에 밑바닥을 맴돌고
식지 못한 탄생의 울음은 울려 퍼지고
오늘은 공양간 아래 버려진 음식물만 보인다

스위치⑲

스위치 내려놓고 살인하던 추운 밤에
위중하는 용의자 가슴팍에 낙인 하나
오열한 유가족 앞에 시조 한 수 던진다

스위치⑳

빌딩의 숲으로 가본 적이 있나요
유리나무 넘어가서 햇빛으로 썰어내는
한 접시 꽃 뭉치들만 곱게 차려 내는데

사랑을 잃어버린 코트 입은 아버지가
어둠 속에 별을 따다 전등 대신 쓰는데
뒷모습 입간판처럼 서 있다, 오늘도

먼저 간다는 것에 대하여

건달과 창녀의 약혼식이 시작되고
유례없는 검과 술이 노래하는 시대에서
악곡이 웃음을 파는 동물원 끝에 서서

코끼리 울음소리 원룸에 울려 퍼지고
무대를 뒤로한 채 목매어 자살한다
가슴을 찢어내 가며 파묘하는 도굴꾼

패왕별희 시대가 다시 돌아온 지금
먼저 간 우희가 별자리를 만들고
늑대별 끝자리에서 부모에게 다가온다

재떨이 같은 인생

담배와 꽁초의 이분법적 사고에서
한숨을 내쉬는 부모님의 연기를
이제야 알아보다니 불효였다, 언제나

한 줄짜리 약력으로 사서 붙였던
양초의 끝에서 태우는 담배의 맛
오로지 재떨이 인생이 꽁초만을 만든다

윤회팝

수트라 무너져 내리던 날에
하나가 노래 되어 합장을 만드는데
간이 큰 땡중 한 명이 파고들어 자른다

강을 따라 돌고 도는 억겁의 나이테
죄악만이 길동의 율동 따라 퍼진 채
맞잡은 손뼉 사이로 태어나는 갈대 잎

해설

로그인된 자아와 로그아웃된 현실

이송희(시인)

1. 기능 잃은 스위치와 분열된 주체

 김샴 시인의 시는 정체되고 지연된 현실에 대한 감각적 응답으로 시작된다. 온전한 기능을 잃은 도구들과 제 역할을 다하지 못하는 존재들이 가득한 이 세계는 단순한 부정이나 패배의 장소가 아니다. 오히려 그 불완전함은 새로운 감각의 출발점이며, 켜짐과 꺼짐, 접속과 단절 사이 '스위치'처럼 시적 주체가 자신의 정체성을 끊임없이 갱신하는 장이다. 시인은 기술과 매체가 만든 분열된 자아를 포착한다. 메타버스, 버튜버, 게임, 아이돌 문화 등 디지털 현실 속에서 유동적으로 전환되는 주체는 미셸 푸코가 말한 '담론 속에서 생산되는 주체'와 맞닿아, 고정된 본질 없이 다양한 서사를 통해 '변형'의 과정을 반복한다. 언어는 더 이상 안정적인 의미 전달의 도구가 아니다. 의미보다 감각이 앞서고, 논리보다 충돌이 우선한다. 김샴의 시는 해석보다 '경험'을 중심에 둔다. 산문적·만화적 표현과 다다이즘적 병치, 인터넷 언어의 유희가 혼재한 시편들은 현실보다 더 현실적인 환상을 감각적으로 기록하며, 감각적 생존의 공간을 구축한다. 이는 냉소나 체념이 아니라, 고장 난 감정으로라도 살아내려는 태도다.

  시의 주체들은 현실과 가상, 육체와 언어, 시스템과 자아의 경계에서 끊임없이 흔들리며, 이 세계가 온전히 작동하지 않음을 몸으로 체득한다. 결핍과 왜곡된 감각을 솔직하게 드러내는 언어는 기능적 전달을 포기하고 불안정한 이미지와 상징으로 해체된다. 이는 의미를 넘어 감각의 잔여물을 언어화하는 작업이다. 특히 그의 시에는 가상성의 적극적 수용이 두드러진다. 김샴의 첫 시집 『샴을 위한 변명』에 등장하는 디지털 문화는 단순한 소재가 아니라 현대 자아를 구성하는 서사 장치로 작동한다. 이처럼 다중적이고 불안정한 자아는 푸코가 말한, 주체가 담론과 권력, 사회적 실천 속에서 끊임없이 구성되고 변화하는 존재라는 개념과 연결된다. 김샴의 시세계는 이해보다 경험에 가깝다. 전통 서정의 정서적 응결과 이미지 일관성은 의도적으로 해체되고, 다다이즘적 병치와 만화적 상상은 불안을 피하지 않고 형식화하는 전략이다.

  시인은 일상의 기형성과 가상의 진실성, 소외된 감정의 미세한 진동을 포착한다. 연대나 구원 대신 서로가 서로에게

'기능 잃은 스위치'가 되어주는, 어쩌면 더 정직한 접속 방식을 제안한다. 그의 시를 읽는다는 것은 한 시대의 모서리에서 미세하게 흔들리는 감정과 언어의 진동을 가까이에서 감지하는 일이다. 그 출발선에서 우리는 자연스럽게 「로그인에서 로그아웃까지」와 마주하게 된다.

>기계와 사람 사이 내 지문을 로그인해
>어제의 꽃이 피고 또다시 빛이 오지
>태양이 찾지 않는 방 컴퓨터가 일력일 뿐
>
>나는 온라인에서 버그 같은 삶을 살아
>이 방을 나가본 지 오래인 폐쇄 족속
>의식주 그 모든 생존이 의자에서 기생하지
>
>내가 사는 20인치 0의 귀와 1의 혀는
>들을 수는 있지만 말할 수는 없는 새
>벌레와 교접하는 사이 경고 경고 로그아웃
>　　　　　　　　—「로그인에서 로그아웃까지」 전문

시인은 '가상공간 속에서의 삶'을 통해, 인간과 기계의 경계가 희미해진 현대의 고립된 일상을 묘사한다. "기계와 사람 사이 내 지문을 로그인"하는 행위는 정체성이 기계에 의해 인식되고 등록되는 장면이다. 지문은 인간을 식별하는 가장 개인적인 정보지만, 이 시에서는 단지 기계와의 접속 수단으로 전락한다. "어제의 꽃이 피고 또다시 빛이 오"는 일상의 반복이 무의미함을 드러낸다. 바깥세상과 단절된 실내, 즉 창 없는 폐쇄 공간을 은유하는 "태양이 찾지 않는 방"에서 시간은 오직 시스템상의 날짜로 흐른다. 주체는 자신의 존재를 "버그 같은 삶"이라 표현하며, 온라인 속에서도 비정상적이고 기능 오류 같은 상태임을 고백한다. "폐쇄 족속"이라는 표현은 자발적으로 고립된 존재로서 자신을 냉소적으로 지칭한다. "의식주 그 모든 생존이 의자에서 기생하"듯, 최소한의 생존조차 움직임 없이 앉은 자리에서 해결된다. 인간의 신체조건은 점차 사라지고, 전자적 존재로만 연명하는 삶이다.

주체는 자신이 사는 세계를 '20인치' 화면으로 한정한다. 그곳에는 "0의 귀와 1의 혀"만 존재하는데, 이는 디지털 언어인 0과 1, 즉 이진법의 세계를 뜻한다. 들을 수는 있지만 말할 수 없는 '새'는 타인과 소통이 끊긴 감정만 남은 존재다. "벌레와 교접하는 사이 경고 경고 로그아웃"은 인간과 기계, 또는 타 존재 간 경계가 무너지고, 정체성 붕괴와 정신적 위기를 암시한다. '경고'와 '로그아웃'은 시스템 종료나 존재의 일시적 사라짐을 알리며, 온라인 속 탈락과 이탈의 불안한 상태를 드러낸다. 시인은 극도로 고립된 현대인의 초상을 디지털 장치와 공간을 통해 조형한다. 자발적 격리이면서도 어쩔 수 없이 적응한 삶 속에서, 주체는 점점 비인간화되고 있음을 안다. 기술문명 안에서 인간성이 희미해지고 존재 감각이 평면화되는 모습을 보여주는 이 시는 단순한 자조나 풍자에 그치지 않고 현실 본질을 날카롭게 포착한다.

현대인의 현실이 가상과 얽혀 있으며, 그 안에서 새로운 세계를 살아가는 사람들의 이야기는 이번 시집을 관통하는 주제다. 「스위치④」에는 "능력 없는 용사의 파티", "시조만 쓰던 방구석 폐인의 지팡이"처럼 자신을 실패한 판타지 주인공으로 인식하는 주체가 등장한다. 「스위치⑧」에서도 "던전에 들어가는 일상"을 배경으로 현실이 이미 게임화되었음을 보여준다. 「게임몽」은 "소년은 침대에서 우주로 출격해요", "끝없이 내려오는 건 이가 나간 테트리스"라는 문장으로 가상의 우주로 향한 소년의 일탈과 무력감을 그린다. 시인은 현실과 게임, 판타지의 경계가 허물어진 시대에 사람들이 상상 속에서 자신을 이해하려는 방식을 담아낸다.

2. 포식자와 피식자의 반전동화

앙상한 날개에 분칠을 한 채로
채팅의 폭격들이 활활 끓는 냄비다

내 몸은 고대의 마녀
정형은 살해당했다

활주로를 벗어난 폭격기만 남긴 채로

좀비들의 이빨에 물어뜯긴 몸뚱이

유리창 세계에서는 핵폭발이 난무한다

그녀는 불시착한 비행사라 했을 뿐인데

근원지 잃어버린 대공습의 인정人情은

새로운 마녀의 정형으로 표적을 바꾼다

—「악질」전문

  인용 시는 사이버 공간에서 벌어지는 폭력과 집단 린치lynch를 '악질'이라는 직설적 제목과 함께 강렬한 이미지로 포착한 작품이다. 시인은 '마녀', '폭격기', '좀비', '핵폭발' 같은 언어로 디지털 세계의 공격성과 무자비함을 고발하며, 인터넷 악성 댓글 너머 사회적 심리와 권력 구조까지 응시한다. "앙상한 날개에 분칠을 한 채로/채팅의 폭격들이 활활 끓는 냄비다"는 사이버 공간에서 표적이 된 대상의 처절한 상태를 묘사한다. '앙상한 날개'는 무기력한 피해자를, '분칠'은 얄팍한 가식을 의미하며, '채팅의 폭격'은 언어폭력, '끓는 냄비'는 증폭되는 집단적 광기와 여론의 열기를 상징한다. 이어 "내 몸은 고대의 마녀"라는 자의식이 등장한다. '마녀'는 여성 억압과 낙인의 상징인데, 피해자가 자신을 '마녀'로 인식한 상태다. "정형은 살해당"한 것은 이미 '정의로운 형태'가 파괴되어 존엄성이 지워졌음을 암시한다. 디지털 공간을 표상하는 "유리창 세계"

에서는 현실보다 더 격렬한 '핵폭발' 같은 폭력이 퍼진다. "좀비들의 이빨"은 익명의 다수가 저지르는 집단 공격을 비유한다. 활주로를 벗어난 폭격기, 불시착한 비행사 등의 이미지는 누구나 표적이 될 수 있으며, 이곳이 불안정한 공간임을 드러낸다.

마지막에서는 피해자가 단지 "불시착한 비행사라 했을 뿐인데" 마녀로 지목되는 역설을 제시한다. 작은 말실수나 행동이 디지털 군중에 의해 왜곡되고 증폭되어 새로운 마녀사냥 대상이 되는 과정을 비판한다. "근원지 잃어버린 대공습의 인정$_{人情}$"은 폭력의 이유가 불분명하고 정당하지 않음을 지적하며, 이 인정이 또 다른 '정형'을 만들어 새로운 희생양을 낳음을 꼬집는다. 중세적 마녀사냥을 사이버 폭력 은유로 끌어와 개인이 집단 속에서 쉽게 표적화되고 소멸되는 과정을 보여주는 시인의 의도는 '악질'이라는 단어에 집중된다. 익명성과 거리감에 기대어 정당성 없이 가해지는 폭력은 개인 존엄을 짓밟는 현대적 '악질'이다. 시인은 이를 통해 디지털 사회 폭력 구조와 우리 내면의 잔혹한 면을 정면으로 응시하게 한다.

이름 모를 작가가 제멋대로 시작한다

첫째를 먹어버린 포식자의 이야기

가십들 이야기하는 잔상이 보인다

둘째 돼지 음식점에 늑대가 들어오고

빠져버린 이빨로 힘없이 주문한다

사장님, 베이컨 토핑으로 피자 한 판 주세요

셋째 돼지 스쿠버의 용감한 다이빙

가상으로 대변하는 고글을 착용한 채

잔혹한 피의 사냥을 시작하는 늦은 오후

거친 파도 흐름 바뀐 이면의 수영장에

철벽의 다이버는 맥주 한 잔 들이켜고

늑대를 먹어치우는 돼지만이 보인다
　　　　　　　　　　　―「이세계 잔혹동화」 전문

'이세계異世界'는 현실 세계와 구분되는 또 다른 세계로 가상 세계 또는 대체 현실을 뜻하며, 익숙한 이야기를 전복된 질서 속에서 재구성하는 시적 실험의 무대다. 시인은 이 동화적 상상력을 통해 현실의 위계와 폭력, 그 전복의 판타지를 섬세하면서도 냉소적으로 그린다. "이름 모를 작가가 제멋대로 시작한다"는 도입은 고전 동화의 규칙성과 서사를 무력화하는 장치로, 이세계에서는 작가도 독자도 결말을 장담할 수 없다. 이는 기존 권력과 질서가 해체된 혼돈의 공간임을 알린다. 전통 동화에서 포식자는 늑대였고 희생자는 돼지 삼형제였으나, 이세계에서는 구도가 뒤집힌다. 늑대는 "빠져버린 이빨"을 가진 무력한 존재로, 돼지는 포식자로 전환된다. "사장님, 베이컨 토핑으로 피자 한 판 주세요"는 폭력의 일상화와 도덕 전도를 풍자하며, 돼지와 베이컨의 아이러니는 자기기만적 소비와 정체성 혼란을 암시한다.

셋째 돼지는 "스쿠버의 용감한 다이빙"을 하며 늑대를 사냥하는 주체로 그려진다. "가상으로 대변하는 고글"은 메타버스나 가상현실(VR) 같은 현실 대체 장치를 연상시키며, 현실 억압을 가상에서 반전하려는 욕망을 드러낸다. 그러나 이세계도 순수한 판타지가 아니다. "잔혹한 피의 사냥"이 벌어지는 '수영장'은 평온해 보이지만 폭력이 흐르는 현대 사회의 모순적 공간이다. "늑대를 먹어치우는 돼지만이 보"이는 자연은 누가 약자이고 강자인지 알 수 없는 세계, 그리고 약자가 생존을 위해 스스로 포식자가 되어야 하는 냉혹한 현실을 반영한다. 이는 동화의 전복이자 현실 권력 구조에 대한 은유다. '이세계'는 단순한 탈출구가 아니라 현실을 비추는 거울로, 우리가 놓치는 폭력의 또 다른 얼굴을 드러낸다. 현실에서 해결하지 못한 정의와 복수를 가상에서 구현하지만, 그 복수조차 또 다른 잔혹함일 수 있음을 경고한다.

>공룡의 나이테가 우주로 보이던 날
>소행성을 쪼았던 부리 자국 사이로
>과거의 등기우편이
>나에게 전송된다
>
>동심원에 공전하는 꽃밭의 흉터에서
>교편이 뿌리 뽑힌 새 둥지가 보이는데
>메마른 상처 속으로
>추락한 뱁새 새끼
>
>먹이사슬 최하위는 멸종 위기 끝이 없고
>깨부숴진 분필들이 흩뿌려진 산책로에
>가해자 공룡 발자국
>잔디밭에 찍힌다
>
>―「공룡발자국공원」 전문

시인은 '공룡발자국공원'이라는 공간을 빌려, 고대 생물인 공룡의 흔적을 따라가며 인간 사회의 약육강식 구조와 교육 시스템 속 서열화를 은유적으로 드러낸다. "공룡의 나이테"는 태곳적 생명의 기록인데, 그 나이테가 "우주로 보"인다는 것은 인간 상상을 넘어선 거대하고 신비로운 자연의 흐름을 느끼는 순간이다. 시공을 초월한 "소행성을 쪼았던 부리 자국"은 멸종이라는 사건에 얽힌 자연의 복잡한 역사를 암시한다. 그 자국 사이로 "과거의 등기우편"이 전송되는데, 이는 자연이 인간에게 보내는 무언의 메시지, 되풀이되는 진실을 뜻하며, 현재를 돌아보게 하는 호출이 아닐까. "동심원에 공전하는 꽃밭의 흉터"는 순수한 세계에 생긴 상처를 의미한다. 동심원은 아이의 순수함과 우주의 궤도를 동시에 상징하는데, 그 안에 '흉터'가 생겼다는 것은 파괴를 뜻한다. "교편이 뿌리 뽑힌 새 둥지"는 교육 제도의 붕괴를, "메마른 상처 속으로/추락한 뱁새 새끼"는 시스템 안에서 보호받지 못한 약자를 상징한다. 뱁새 새끼가 "상처 속으로 추락"하는 것은 교육 구조 속 좌절과 낙오를 드러낸다.

먹이사슬 최하위가 끝없는 멸종 위기에 놓인 것처럼, 사회의 약자들 또한 도태의 위험에 직면해 있다. 산책로에 "깨부숴진 분필들이 흩뿌려진" 풍경은 교육의 상징인 분필이 부서진 장면으로, 교실 안 지식 전달이 제 기능을 잃었음을 의미한다. 마침내 "가해자 공룡 발자국"이 잔디밭에 찍히는데, 이는 교육 시스템 속 권력자들이 남긴 깊은 흔적이며, 그 잔재가 지금도 무력한 존재 위에 남아 있음을 환기한다. 공룡은 멸종했지만 그 발자국은 여전히 현재를 지배한다. 시는 인간 문명의 경쟁 구조가 자연의 약육강식과 닮았음을 보여주며, '자연의 법칙'이라는 이름으로 정당화되는 폭력과 서열화가 교육 현장에서도 반복됨을 꼬집는다.

    김샴은 폭력성을 넘어 인간애가 결핍된 현실을 고발한다. 「스위치①」에서는 "칼날을 들이밀어 손톱을 깎는다"는 표현으로 날카로운 일상과 허기를 견디는 삶을 그린다. 이러한 결핍은 감정의 무력함으로 이어지며, 「스위치⑮」의 "희로애락 아무것도 필요 없단 환청에/오늘의 저녁 식사 바닥에 내팽개쳐" 같은 표현으로 삶의 감각이 마비된 상태를 보여준다. 「스위치⑭」에 나오는 "목발로 요리하는 한식뷔페 사장님", "배고픈 집주인에게 밥 한 끼 주세요"는 현실의 비틀림을 우화적으로 드러낸다. 김샴 시인은 이렇듯 허기, 소외, 감각의 뒤틀림을 통해 현대인의 공허한 일상과 균열된 현실 감각을 고발한다.

3. 찢긴 삶과 피로 쓴 시

    모든 처녀들은 어머니가 되기 위해
    자신의 뱃속에서 방아쇠를 당긴다
    한 발에 한 명의 천사가 아이로 태어난다

    내 운명은 사선에서 불발탄이 터진 것
    두 명의 형제가 한 몸으로 불붙었다
    다행히 그 폭발음을 신이 먼저 들었다

이십만에 하나라는 비극적 표적에서
내 머리에 동생 발이 축복처럼 붙었다
하나를 부욱 찢어서 쌍둥을 만들었다

어머니 천사들은 샴쌍둥이로 명명됐다
탄환과 탄피는 제자리로 돌아갔지만
탄흔의 내 깊은 상처에 초연이 자욱하다

먹어도 허기지는 슬픈 불량품은
은하수 다 퍼 와서 밥해 먹고 싶지만
그 별에 내 피 찍어서
명줄 같은 시를 쓴다
—「샴을 위한 변명」 전문

  탄생이라는 원초적 사건을 전쟁과 폭발, 탄환의 이미지로 치환하며, 샴쌍둥이라는 특수한 운명을 살아가는 존재의 내면을 서정적으로 드러낸 작품이다. 시인은 태어남의 기적과 비극을 동시에 붙잡으며, 삶을 '사고 현장'이자 '신의 개입'으로 묘사한다. 또한 그 안에서 고통과 수용, 창작으로의 승화를 보여준다. "모든 처녀들은 어머니가 되기 위해/자신의 뱃속에서 방아쇠를 당긴다"는 도입은 출산을 전쟁의 은유로 바꾼 강렬한 이미지다. '방아쇠'와 '탄환'이라는 폭력적 언어는 생명을 낳는 고통과 위험, 그리고 그 결과로 태어나는 존재의 운명을 암시한다. "한 발에 한 명의 천사가 아이로 태어난다"는 진술은 탄생이 축복과 위험을 동시에 품고 있음을 보여준다. 이어 시인은 주체의 탄생을 "사선에서 불발탄이 터진 것"으로 표현하는데, '불발탄'은 예기치 못한 변형과 '정상과 다른 탄생'을 뜻한다. "두 명의 형제가 한 몸으로 불붙었다"는 장면은, 샴쌍둥이의 숙명을 상징적으로 드러낸다. 다행히 그 폭발음을 신이 먼저 들었기에, 생존이라는 기적이 가능했다.

시인은 "내 머리에 동생 발이 축복처럼 붙었다"는 진술로 신체적 결합을 단순한 결핍이 아니라 '축복'이라는 역설로 바꾼다. 그러나 "하나를 부욱 찢어서 쌍동을 만들었다"는 표현은 태생적 분리와 결합의 고통, 정체성의 균열을 드러낸다. "탄환과 탄피는 제자리로 돌아갔지만/탄흔의 내 깊은 상처에 초연이 자욱"한 상황은 육체적·정신적 상처가 쉽게 사라지지 않음을 보여준다. 주체는 자신을 "먹어도 허기지는 슬픈 불량품"이라 칭하며 결핍과 상처를 솔직히 고백한다. 그러나 그는 이 고통을 자조로 끝내지 않고, "그 별에 내 피 찍어서/명줄 같은 시를" 쓰는 창작 행위로 승화하려는 의지를 드러낸다. '피로 쓰는 시'는 단순한 기록이 아니라 존재의 증명이자, 주어진 운명을 새로운 의미로 바꾸려는 시도다. 샴쌍둥이라는 운명을 통해 생명의 불완전성과 삶의 기묘한 축복을 동시에 사유한다. 전쟁과 폭발이라는 파괴적 이미지 속에서 오히려 삶과 창작의 의미를 찾는 이 행위는, '천형天刑'으로 여겨지는 운명조차 자기 언어로 다시 써 내려가려는 주체적 태도의 시학으로 읽힌다.

온오프 스위치로 시작되는 일상에서

만남을 발광發光하는 굶주림이 시작된다

외로이 두근거리는 감정의 경계에서

상온과 하온을 넘나드는 번지점프

온도계의 수심에서 조용한 상승으로

한 마리 돌고래처럼 헤엄치는 수영 선수

―「경계에 서서」 전문

 인간 내면의 온도 변화를 섬세히 그려내며, 시인은 일상에서 피어나는 감정의 떨림과 경계를 넘는 순간의 긴장과 해방감을 온도와 운동의 이미지로 표현한다. "온오프 스위치로 시작되는 일상"은 기계적이고 반복적인 하루를 은유한다. 그러나 무미건조함 속에서도 "만남을 발광發光하는 굶주림이 시작"되는 것으로, 인간은 여전히 누군가와 연결되고자 하는 본능적 열망을 품고 있음을 알 수 있다. '발광'은 절박하고 강렬한 에너지의 방출로, 만남에 대한 간절한 욕망을 강조한다. 주체는 "감정의 경계"에서 외롭게 두근거린다. 이 '경계'는 감각이 깨어나는 찰나, 감정이 움직이기 시작하는 임계점이다. "상온과 하온을 넘나드는 번지점프"는 뜨겁고 차가운 감정의 진폭을 물리적 이미지로 확장하며, 위험을 감수하면서도 쾌감과 해방을 느끼는 순간의 두려움과 흥분을 포착한다.

 주체는 감정의 깊이를 '수심'이라는 물리적 차원으로 치환하며, 내면 깊은 곳에서 미세한 움직임이 서서히 올라오는 장면을 연상시킨다. 이는 감정이 폭발이 아닌 조용히 상승하는 움직임임을 보여준다. "한 마리 돌고래처럼 헤엄치는 수영 선수"는 자유롭고 유려한 감정 상태를 상징한다. 돌고래는 물과 공기를 유연하게 넘나들며 경계를 넘어서는 존재의 이미지로 읽힌다. 삶은 온오프가 반복되는 기계적 흐름 같지만, 그 안에는 관계에 대한 갈망과 감정의 진폭이 존재한다. 시인은 그 미세한 진동을 탐색하며, 일상과 감정의 경계에 선 주체가 내면을 들여다보고 조용하지만 깊고 섬세한 움직임으로 자신을 확장해 나가는 모습을 그린다.

> 섭취는 생존이 만들어낸 필수조건
> 미식은 섭취를 탄생시킨 유동조건
> 예외를 만들 수 없는 공식이 있다
>
> 끔찍한 수갑을 차고 있는 피해자
> 이색적인 밧줄을 온몸에 감아서
> 가지에 초록 이파리 나오길 기도한다
>
> 심장을 관통하는 햇빛이 스며든다
> 제약을 즐기며 살아가는 관목림
> 기도를 들어줄 때까지, 오늘도 광합성
> ―「스위치③」전문

시인은 '섭취'와 '미식'이라는 생리적 행위에서 출발해, 점차 존재의 본질과 억압, 해방 욕구로 사유를 확장한다. "섭취는 생존이 만들어낸 필수조건"으로, 이는 단순한 식욕을 넘어 존재의 지속과 연결된 본능적 조건을 뜻한다. 반면 "미식은 섭취를 탄생시킨 유동조건"이라는 말은 섭취에 의미와 취향, 문화적 맥락을 부여한다. 시인은 생존과 욕망의 간극, 그리고 그 사이 인간적 조건을 날카롭게 포착한다. "예외를 만들 수 없는 공식"은 이 구조가 보편적이며 불가피함을 드러내며, 삶 자체의 제약을 은유한다. 주체는 "끔찍한 수갑을 차고 있는 피해자"와 "이색적인 밧줄을 온몸에 감"은 모습을 통해 억압과 속박을 드러내며, 식물이 넝쿨에 휘감겨 움직이지 못하는 상태를 상징한다. 이는 사회적 구속이나 정체성의 틀 안에서, 스스로를 피해자로 인식하고 있음을 드러낸다. 그럼에도 "가지에 초록 이파리 나오길 기도"하는 행위에서 생명력에 대한 희망과 의지를 엿볼 수 있다.

 "심장을 관통하는 햇빛이 스며"드는 장면은 절망 속에서도 변화 가능성을 예고한다. 이 햇빛은 억압 속에서도 스며드는 자유의 상징이자 생존을 위한 필수 에너지다. "제약을 즐기며 살아가는 관목림"은 억압에 저항하기보다 그 안에서 자유를 찾아가는 생태를 묘사한다. 이는 체념 같지만, 사실 억압 속에서도 생존술을 찾아가는 과정이다. 주체는 "기도를 들어줄 때까지, 오늘도 광합성"하겠다고 다짐한다. '기도'는 바람이자 기대지만, 동시에 확신 없는 기다림이다. 이러한 반복은 수동

적 체념이 아니라, 언젠가 조건이 바뀔 가능성을 놓지 않으려는 의지로 읽힌다.

4. 책갈피의 날개, 서점이라는 비상구

책이 사는 원룸으로 입주한 지 십 년

날지 못한 앵무새를
우산 속에 가두고

한동안 날아다니는 방법을 찾아야 했다

허약한 구조물은 소나기만 버티는데

손가락에 잘려나간
깃털들을 곱게 붙여

내 머리 날개의 개화 시작으로 삼는다

주석조차 달지 못한 여행 책자 한편에

잃어버린 구조 신호

하나씩 적어본다

길 잃은 마지막 여행 종착지는 비상일 뿐

상처 입은 책갈피가 웅크린 그 순간에

흥미를 담보 삼아
양 날개 펼친 채로

허름한 한 평 서가를 당신에게 보낸다
—「서점 견문록」 전문

작고 허름한 '서점'은 시적 주체의 출발지이자 종착지로, 삶의 흔적과 내면 회복 과정을 담아낸다. 좁은 공간에서 주체는 고독과 상실, 치유와 재도약의 의지를 기록한다. "책이 사는 원룸으로 입주한 지 십 년"이라는 정보는 이곳이 단순한 장소를 넘어 내면의 안식처임을 보여준다. "날지 못한 앵무새를/우산 속에 가두"었다는 것은 억눌린 욕망과 갇힌 자아를, "날아다니는 방법을 찾아야 했다"는 고백은 외부 세계와 연결되려는 의지를 드러낸다. 현실은 "허약한 구조물은 소나기만 버티는" 위태로운 시간이지만, 주체는 "손가락에 잘려나간/깃털들을 곱게 붙여" 스스로 날개의 개화를 시작한다. "주석조차 달지 못한 여행 책자"는 아직 해석되지 않은 삶의 단편이며,

"잃어버린 구조 신호"를 적는 행위는 자신의 존재를 알리고 외부와 관계를 요청하는 절박한 시도다. "길 잃은 마지막 여행 종착지는 비상"이라는 문장은, 주체가 도약과 자유, 그리고 새로운 시작을 꿈꾸고 있음을 암시한다. "상처 입은 책갈피가 웅크린 그 순간"에도, 주체는 "흥미를 담보 삼아/양 날개 펼친 채로//허름한 한 평 서가를 당신에게 보"내며, 고독 속에서 탄생한 사적 기록을 타자와의 소통으로 확장해 나간다. 책과 서점은 그 소통을 가능케 하는 매개이자, 주체와 타자를 잇는 은유적 장소다.

한편, 현실을 벗어난 시인의 노래와 응원은 때때로 강력한 위로가 된다. 「장마의 노래」는 청각과 시각의 결핍을 안은 존재들이 "성대를 오르내리는 빗소리"와 "세이렌 허밍 소리"를 따라 다시 움직이는 모습을 섬세히 그린다. 「지하 아이돌」 또한 "찹쌀떡 같은 사람을 보았나요"라는 다정하면서도 기묘한 질문으로 시작해, 팬덤 문화를 광신狂信과 위안 사이에서 비춘다. 가상공간으로 옮겨진 「버튜버를 보다가」에서는 "라멘으로 푹 절인 여신님의 모습을/김치로 가득한 내 욕조에 담가서"라는 표현으로 가상 캐릭터에 대한 몰입과 왜곡된 감정 투사를 드러낸다. 김샴 시인은 노래와 응원의 힘, 아이돌에 투영된 위로와 광기를 동시에 조명하며, 현실보다 더 강렬한 감정이 흐르는 가상 세계의 진실성을 탐색한다. 결핍과 고통을 지나 울려 퍼지는 이 노래들에는, 고독 속에서도 희망과 의지를 전하려는 시인의 시적 지향이 담겨 있다.

가히 시선 017

샴을 위한 변명
ⓒ 김샴

초판 1쇄 인쇄	2025년 10월 29일
초판 1쇄 발행	2025년 11월 5일
지은이	김샴
펴낸이	김석봉
디자인	헤이존
펴낸곳	문학의전당
출판등록	제448-251002012000043호
주소	충북 단양군 적성면 도곡파랑로 178
전화	043-421-1977
전자우편	sbpoem@naver.com

ISBN 979-11-5896-717-8 03810

*이 책의 판권은 지은이와 문학의전당에 있습니다.
*양측의 서면 동의 없는 무단 전재 및 복제를 금합니다.
*잘못 만들어진 책은 바꿔드립니다.